Made in the USA
Middletown, DE
28 July 2023

35870407R00064